LE GÉNÉRAL TUNCQ A SES CONCITOYENS.

La tribune de la société mère des Jacobins, la fondatrice et le modèle de toutes les associations patriotiques, qui entretiennent le feu sacré de la liberté et de l'égalité dans toutes les parties de notre vaste et invincible république, vient de retentir de mon nom et de quelques particularités de ma vie publique et privée.

Ce n'est pas comme, lorsqu'après la journée du 14 août dernier, où 4000 sans-culottes à mes ordres, ayant battu plus de 60 mille rebelles répandus dans les champs de *Luçon*, et fait mordre la poussière à plus de 12 mille de ces brigands, la convention nationale, en m'élevant au grade de *général-divisionnaire*, daigna la première, donner à tous les républicains l'exemple d'accorder quelques honneurs au premier général *sans-culotte*, qui eût franchement attaqué et défait une portion notable des révoltés de la Vendée.

Aujourd'hui les siflements de l'envie, et les rugissemens de l'aristocratie et du royalisme en fureur, ont succédé à ces chants de victoire; et j'éprouve, à mon tour, le sort réservé à tous les vrais républicains, la nécessité de parler de moi, et de retracer quelques détails de ma vie militaire, pour repousser et confondre mes vils calomniateurs.

J'arrivai à Luçon le 3 juin dernier, en qualité de général de brigade, titre que j'avois mérité peut-être par ma conduite dans l'immortelle journée du 10 août, et par le nouveau service que j'avois rendu à la république, en protégeant et en dirigeant un immense convoi de subsistances par terre d'Angers à Brest, pour l'approvisionnement des arsenaux de la marine.

A peine arrivé à Luçon, les traîtres qui

redoutoient ma présence et mon aspérité républicaine, essayèrent de soulever la garnison contre moi. Pour éviter l'effet de l'égarement de cette brave troupe, je me déterminai à me retirer au bivonac *des quatre chemins*. Je rendis compte de cette réception au général de division *Boulard*, et au général en chef *Biron*, par un courrier extraordinaire. *Monsieur le duc* ne daigna pas me répondre.

Retiré au bivonac dont je viens de parler, je donnai tous mes soins à la divison confiée à mon commandement. Je m'attachai à en connoître le véritable esprit, à m'assurer de sa situation et de ses besoins, à y rétablir la subordination et la discipline, et à la préparer insensiblement à sortir de l'état d'inertie et de nullité où l'avoient jusqu'alors retenue des chefs mal-intentionnés ; et qui paroissoient ne remplir qu'à contre-cœur le ministère que la confiance abusée de la convention nationale leur avoit départi. Ma manière de vivre au bivonac me mettoit parfaitement à portée de mon but. Vivant avec le soldat, mangeant des mêmes alimens que lui, couchant avec lui, n'ayant, comme lui, que

la terre et mon manteau pour lit, je ne
tardai point à gagner sa confiance et son
attachement sans réserve; et bientôt je con-
nus toute l'étendue du mal qui affligeoit
cette portion intéressante des forces de la
république.

Je découvris d'abord qu'il prenoit sa
source dans les manœuvres des agens de
la compagnie des vivriers, à la tête de
laquelle étoit le nommé *Delagrée*, ci-devant gentilhomme, administrateur-général
des vivres dans cette partie et dans celles
des agens préposés au service des équipages d'artillerie, service à la tête duquel
se trouve, comme l'un des régisseurs, ce
Renaud de St.-Jean-d'Angely, fameux
par le feuillantisme qu'il a professé dans
l'assemblée constituante, et contre-révolu-
tionnaire, échappé à la justice populaire
dans la journée des vengeances nationales
du 10 août. Ces agens, *coupe-traits* des
équipages et habitués au cri infâme de
sauve qui peut, étoient sous l'inspection
immédiate de *Labasset*, beau-frère de
Renaud de St.-Jean-d'Angely.

M'étant convaincu de la profonde per-
fidie de ces agens et de leur inspecteur,

Labasset, mon premier soin fut de les faire arrêter, et traduire devant les tribunaux de la Rochelle, sans avoir égard pour *l'illustre naissance* de la plupart d'entre eux , et de les faire remplacer par des charretiers , dont le civisme et le sansculotisme m'étoient démontrés.

J'éprouvai beaucoup plus de difficulté à purger de cette manière les agens vivriers , parce que la plupart étoient des créatures du ministre *Ronsin* (car c'est ainsi qu'il s'est toujours fait appeler dans cette armée) et de son fidèle collaborateur *Berthier* , général de brigade , chef de l'état-major-général de l'armée des côtes de la Rochelle, ancien commandant à la garde nationale de Versailles, dont quelques imbécilles qui ce croient militaires sont aujourd'hui les prête-noms; Berthier, ci-devant chef de l'état-major de Lafayette; Berthier, qui avoit fait prêter le serment aux troupes, aux environs de Verdun , contre l'événement de la journée du 10 août; Berthier , demandé par *Custines* pour chef de l'état-major de l'armée du Rhin , et qui , s'il avoit été accordé à ce traître , eût fini par l'accompagner sur l'échafaud ; Berthier, enfin , demandé aussi par *Biron* pour chef de son état-major, et installé par ce général courtisan dans cette importante fonction, pour être l'ame de la guerre interminable de la Vendée , et être le rédacteur des plans de campagne , présentés par Ronsin, dont le résultat n'a été que de morcéler nos troupes par pélotons , et de les exposer à des défaites partielles et inévitables.

Les agens de la compagnie des viviers, ainsi composée et soutenue par de tels protecteurs , remplissoient parfaitement leurs vues , en mécontentant journellement la troupe, soit par l'insuffisance, soit par la mauvaise qualité des rations. Des bouchers se sont permis même de courir, le couteau levé, sur de malheureux volontaires qui réclamoient contre la défectuosité ou la modicité du poids de la viande qui leur étoit fournie.

Je parvins insensiblement à réprimer tous ces abus, malgré la coalition des hommes puissans et intéressés à les maintenir, et paroissant n'avoir d'autre but que de désorganiser cette petite armée , comme ils l'avoient fait précédemment de celle de Tours.

Un autre abus non moins dangereux, que j'eus à combattre à mon arrivée au bivouac des *Quatre - Chemins*, c'étoit *l'inégalité* de paye introduite dans cette division par le contre - révolutionnaire *Canier*, *anglais* d'origine, chef de bataillon, employé dans cette division, sur la nomination de Biron, confirmée par le ministre Bouchotte. Je sentis, dès l'abord, tout l'inconvénient qui résultoit pour l'harmonie et le bon accord de la division, de cette différence de solde, et je ne tardai pas à faire payer à la troupe une solde égale, conformément à la loi.

Cette troupe étoit excédée de fatigue par le bivouac le plus dur, exposée à l'ardeur continuelle du soleil, trouvant à peine de l'eau pour se désaltérer, travaillée sans cesse par des malveillans que j'étois chaque jour obligé d'éloigner d'elle, et de chasser de son sein, lorsque je pris enfin le parti de lui faire faire la guerre des bois.

J'attaquai les ponts *Charron* et *Saint-Philibert*, le 25 juillet dernier; et la prise importante de *Chantonnay* fut le fruit de cette attaque vigoureuse, malgré la lâche

A 4

trahison de l'anglais Canier, qui commandoit, sous mes ordres, l'attaque du Pont Saint-Philibert.

Le 30, je battis les rebelles dans la plaine de *Luçon*, au nombre de plus de trente mille, avec quinze cents républicains déterminés, quoique mon perfide anglais n'eût pas encore voulu donner.

Ce jour-là, la cabale Berthier me faisoit destituer par le ministre de la guerre, et éloigner à vingt lieues de l'armée, et comme si elle eût eu à sa disposition des *lettres de cachet en blanc*, je reçus, le 13 août à onze heures et demie du soir, ma lettre de destitution sous enveloppe, timbrée *Tours*, dans laquelle il est à remarquer que mon nom est écrit d'une *main étrangère*. Au moment où elle me fut remise, j'étois auprès des représentans du peuple ; ils m'autorisèrent à conserver mes fonctions, que j'allois abandonner, le cœur navré de douleur, en apprenant l'injustise atroce dont on payoit mon zéle et mon service.

Le lendemain 14 août, jour à jamais mémorable pour moi, j'étois en présence de l'ennemi, à six heures et demie du matin.

Je réitérai, par écrit, l'ordre à l'anglais Canier, qui commandoit mon aîle droite, de s'avancer au premier feu, pour prendre l'ennemi en flanc, et lui couper la retraite sur le pont *Minclet*. Le combat s'engagea sur les onze heures. Mon aîle droite, à son ordinaire, ne donna point. La victoire fut néanmoins pour nous, et l'ennemi perdit, à cette journée, outre un grand nombre de pièces de canon, plus de douze mille hommes restés sur la place, tués sans quartier.

Le lendemain, si les divers corps de troupes de la république dans cette partie, eussent été conduits par de vrais sans-culottes, ils pouvoient suivre l'armée rebelle de toutes parts ; il lui étoit impossible de se rallier. Qu'on consulte tous les militaires de bonne foi ; ils diront que des troupes victorieuses peuvent, en peu de jours, achever d'anéantir les hordes plus qu'à demi vaincues de ces brigands sauvages. En vain j'ai conseillé, pressé de mener à de nouvelles victoires, nos bataillons couverts de lauriers ; si j'avois été écouté, et *non jalousé*, les derniers jours d'août voyoient finir à jamais cette guerre de cannibales, et exterminer le dernier des révoltés.

Ne pouvant poursuivre le cours de mes victoires, faute d'être secondé, je me bornai à mettre à couvert des greniers assez abondants pour nourrir dix départemens, après avoir fait occuper les défilés de Pont-Charron, et les bois qui l'avoisinent. Il me restoit environ trois mille hommes de disponibles, et sept pièces de canon, ayant renvoyé à la Rochelle les seize pièces prises sur l'ennemi à l'affaire du 14, et les autres à Luçon, où j'avois laissé deux bataillons qui, avec les troupes de réquisition, formoient une force assez considérable pour assurer les subsistances de ma division.

Après avoir fait camper ma troupe, j'incendiai deux des plus fameux repaires des brigands qui désoloient cette contrée, les châteaux de *l'Oie* et de *Verteuil*; et je m'occupai par suite, à faire briser les cloches des paroisses insurgées, et à les faire rentrer elles-mêmes dans le devoir : plus de cent cinquante cédèrent à la terreur de mes armes, et se soumirent aux loix de la république.

Le 29, étant campé dans les plaines de *Chantonnay* depuis le 18, mes avant-postes furent attaqués. Je reçus dans ce moment un arrêté des représentans du peuple stationnaires à Saumur, daté du 27, qui m'ordonnoit de me rendre en cette ville, pour y concerter un plan de campagne: c'étoit m'enlever à ma petite armée au moment où elle étoit aux prises avec l'ennemi. Je communiquai mon embarras à un autre représentant du peuple qui se trouvoit à ma portée. Il rédigea un autre arrêté pour me défendre, *sous sa responsabilité*, d'abandonner mon poste. Sur-le-champ il en rédigea un second pour me défendre d'envoyer l'état de situation de mon armée au général qui commandoit en l'absence du général en chef. Le lendemain 30, je battis encore les rebelles ; je dissipai un nouveau rassemblement qu'ils avoient formé au-dessus du château de l'Oie, et j'incendiai leurs nouveaux repaires.

Deux jours auparavant, j'avois été terrassé, en présence des représentans du peuple, par un cheval neuf. Cet accident, qui a pensé me coûter la vie, ne m'empêcha pas de remplir mon service dans la journée du 30 ; mais le lendemain et les jours suivans, il me fit ressentir une telle douleur à l'épaule gauche, que depuis ce moment je me trouve jusqu'à-présent, hors d'état de remonter à cheval.

Cet accident est ce qui m'a d'abord forcé de remettre, le 3 de ce mois, le commandement de ma petite armée au général de brigade *Lecomte* ; mais j'y aurois été également forcé par un autre motif encore plus impérieux, ainsi qu'on va le voir. Je m'étois transporté à *la Rochelle* pour me faire panser de ma fausse luxation, lorsque revenant au pont de *Maureil*, j'ai rencontré un gendarme qui me cherchoit depuis long-temps, pour me notifier un nouvel arrêté des représentans du peuple stationnaires à Saumur, qui m'ordonnoient d'y aller leur rendre compte de ma conduite.

Resaisi de deux autres Arrêtés d'un représentant du peuple, sous la date du 29 août, qui me défendoient d'obtempérer à la sommation qui m'étoit faite par eux stationnaires à Saumur, que pouvais-je faire dans cette alternative ? placé entre deux autorites également respectables, également puissantes à mes yeux, mais contradictoires dans leurs décisions, quel parti me restoit-il à prendre ? Un seul ;

et je l'ai pris, celui de recourir à une autorité encore supérieure à celle des représentans du peuple dont je viens de parler, à la convention nationale (1).

Je suis venu devant l'auguste sénat ; je me suis présenté à son comité de salut public. J'y ai déposé ma correspondance, mon journal et les quatre arrêtés dont j'ai fait mention.

Je suis venu demander une décision qui me serve de règle de conduite, ou apporter ma tête sur l'échaffaud, si je suis coupable.

Tel est le compte que je devais et que je m'empresse de rendre à mes concitoyens, de la partie de ma vie publique qui a fixé l'attention d'une société célèbre où s'exerce le plus éminemment l'empire de l'opinion publique.

Je ne répondrois pas aux reproches ridicules s'ils n'étoient point atroces, qui m'y

---

(1) En me rendant à Paris, j'ai appris avec douleur que ma division, dont ma chûte de cheval, et l'arrêté des représentans du peuple m'avoient forcé de remettre le commandement au général Lecomte, venoit d'être battue, ou plutôt dispersée. C'est un malheur que je n'ai pu ni prévoir ni empêcher.

ont été faits sur certaines *particularités* prétendues de ma vie privée. On sent que la plus impudente aristocratie a pu seule donner l'audace de les articuler devant des *sans-culottes*; et ce qui a droit d'étonner, c'est qu'une telle dénonciation ait pu être entendue de sang-froid dans une telle société. N'importe, je veux bien ne faire remonter *l'éclat de mon nom* qu'à la journée du 10 août 1792. C'est sous le feu redoublé des satellites de la tyrannie, que j'ai appris les premiers élémens de l'art de les combattre avec succès, et que j'ai pris une assez bonne leçon, pour oser me vanter de ne le céder à aucun sans-culotte pour la haine implacable que j'ai voué à tous les suppôts du royalisme et de l'Aristocratie. Je jure de les combattre jusqu'à la mort, soit au champ-clos, soit en rase campagne, fussent-ils cent fois plus nombreux que les innombrables brigands que ma brave division et moi avons exterminés à la Vendée.

Le Général divisionnaire,

A u G. **TUNCQ.**

Nota. Mon *nom* qui n'a, peut-être point la douceur, ou, si l'on veut, la *physionomie* d'un nom *Français,* a fait croire, dit-on à plusieurs personnes, et qui plus est, soutenir affirmativement, que j'étois un ÉTRANGER : pour pulvériser ce nouveau grief, je déclare à toute la république une et indivisible, que je suis l'humble fils d'un honnête Tysserand de la ci-devant Picardie, et que je nacquis le 27 août 1746 au village de *Conteville*, district d'Abbeville, département de la Somme.

A PARIS, chez G.-F. GALLETTI, Imprimeur du Journal des Lois de la République Française, aux Jacobins Saint-Honoré.